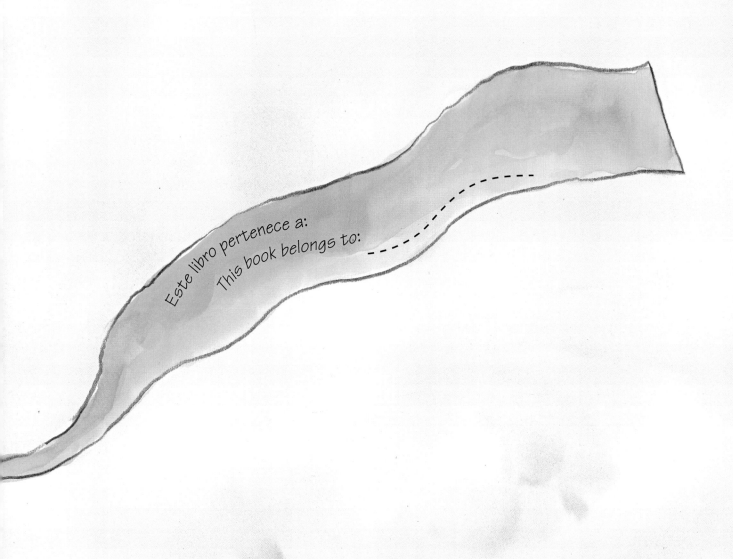

Este libro pertenece a:

This book belongs to:

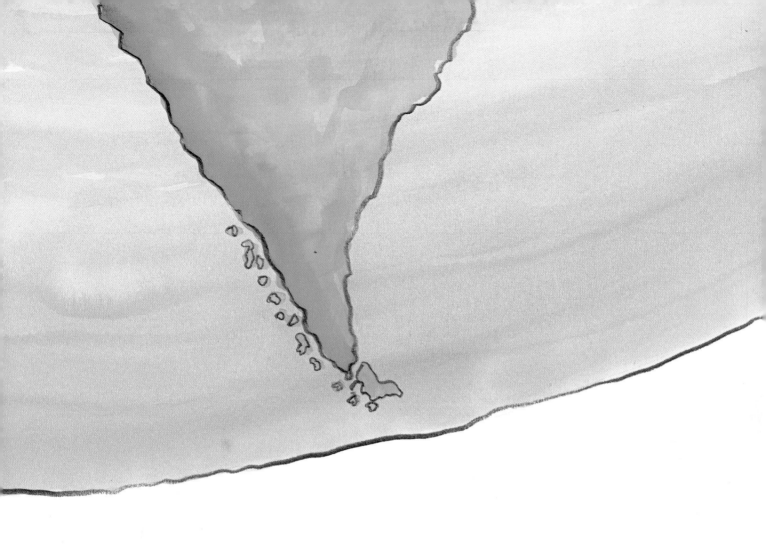

Rodríguez, Antonio Orlando, 1956-
    ¡Qué extraños son los terrícolas! / Antonio Orlando Rodríguez ;
ilustraciones Olga Cuéllar ; traducción al inglés Mercedes Guhl. —
Edición Mireya Fonseca. — Bogotá : Panamericana Editorial, 2005.
    52 p. : il. ; 27 cm. — (Colección bilingüe)
    Texto en español e inglés.
    ISBN 958-30-1737-X
    1. Cuentos infantiles I. Cuellar, Olga, il. II. Fonseca,
Mireya, ed. III. Guhl, Mercedes, tr. IV. Tít. V. Serie.
I863.6 cd 19 ed.
AJC5692

        CEP-Banco de la República-Biblioteca Luis Ángel Arango

¡Qué extraños son los terrícolas!

Earthlings, How Weird They Are!

Editor
Panamericana Editorial Ltda.

Dirección editorial
Conrado Zuluaga

Edición
Mireya Fonseca

Traducción al español
Mercedes Guhl

Ilustraciones
Olga Cuéllar

Diagramación y diseño de cubierta
Diego Martínez Celis

Primera edición, enero de 2006

© Antonio Orlando Rodríguez
© Panamericana Editorial Ltda.
Calle 12 No. 34-20, Tels.: 3603077 - 2770100
Fax: (57 1) 2373805
Correo electrónico: panaedit@panamericanaeditorial.com
www.panamericanaeditorial.com
Bogotá D.C., Colombia

ISBN 958-30-1737-X

Impreso por Panamericana Formas e Impresos S. A.
Calle 65 No. 95-28. Tels.: 4302110 - 4300355. Fax: (57 1) 2763008
Quien sólo actúa como impresor.

Impreso en Colombia   Printed in Colombia

¡Qué extraños son los terrícolas!

Earthlings, How Weird They Are!

Antonio Orlando Rodríguez

Ilustraciones
Olga Cuéllar

PANAMERICANA
E D I T O R I A L

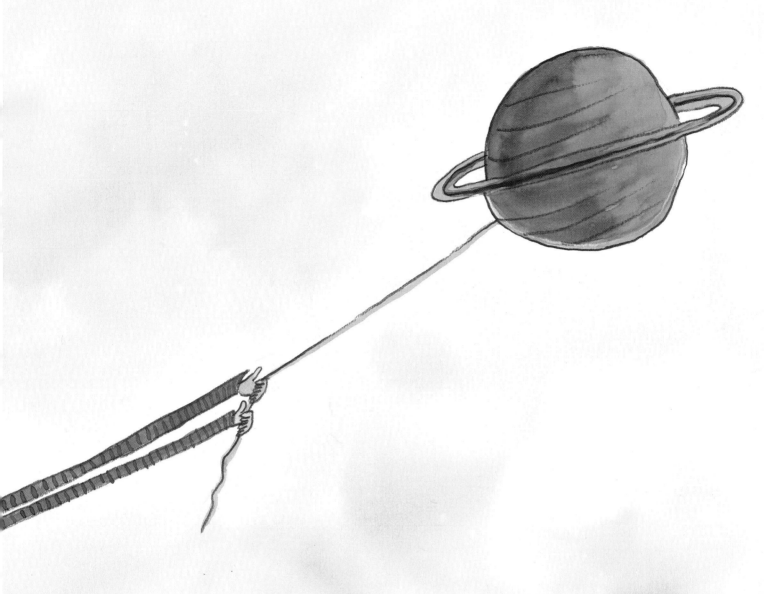

Para Sergio y Chely, mis extraterrestres favoritos

To Sergio and Chely, my favorite aliens

Tres científicos del planeta X-79Z83+0 partieron en una nave espacial.

Three scientists from planet X-79Z83+0
set off to space in a starship.

Les habían encomendado una misión difícil e importante: ir hasta la Tierra y estudiar, en secreto, las costumbres de sus habitantes.

*T*hey had a very difficult and important mission: traveling to planet Earth to study the customs of its inhabitants, in secret.

El viaje fue largo y bastante movido. Por el camino, los sorprendió una peligrosa tormenta de meteoritos...

The trip was long and uncertain. The starship was shaken as it had to go through an unexpected and dangerous meteorite storm...

...Al pasar junto al rabito de la Osa Mayor,
estuvieron a punto de caer
en un agujero negro...

...**W**hen passing by the Great Bear's little tail, the starship nearly fell into a black hole...

...Y cuando por fin llegaron al Sistema Solar, encontraron un espantoso trancón. Como era fin de semana, muchas familias habían salido de picnic por el cosmos.

...**A**nd when the scientists finally reached our
Solar System, their ship got caught into a terrible
traffic jam. They had arrived during the
weekend and lots of families had left
their planets for a pleasant
cosmic picnic.

Cuando por fin pudieron ver la Tierra,
la encontraron más linda de lo que habían imaginado.

When at last the three explorers could examine Earth, they found it more beautiful than expected.

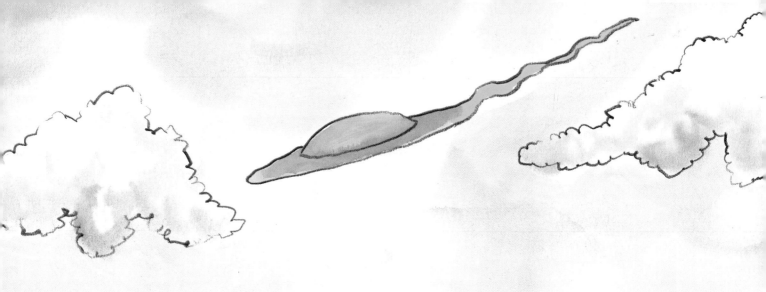

Durante días y días, los tres exploradores volaron de un lado para otro del planeta, sin que nadie notara su presencia.

 or days and nights, the explorers
flew all over the planet and no human noticed
their presence.

Estudiaron a la gente que vivía
en las grandes ciudades y también a la de
los pequeños pueblos.

They studied people living in big cities as well as people in small villages.

Fueron a las selvas, a las costas,
a los desiertos y a los casquetes polares.

They traveled over forests, coastlines, deserts and even the polar icecaps.

Y todo lo que vieron lo fotografiaron con sus potentes cámaras.

And they took images of everything they saw with their powerful cameras.

Una vez cumplida su tarea, los viajeros regresaron al planeta X-79Z83+0.

Once their mission was accomplished, the three scientists returned to planet X-79Z83+0.

Y allí dieron a conocer los resultados de su investigación en un congreso de sabios. "Los terrícolas son muy extraños", fue lo primero que dijeron. Y enseguida explicaron por qué.

And there, in their planet, they showed the findings of their research at a scientific conference. "Earthlings are very weird beings" was their opening sentence. And right away they explained why.

uando cae un aguacero de verano, los terrícolas se tapan con capas y sombrillas. ¡Con lo rico que es mojarse y saltar bajo la lluvia!

Under a summer storm, Earthlings shelter themselves from water with raincoats and umbrellas; instead of having a good time by getting all soaked wet and jumping and leaping over puddles.

Tienen muchas frutas y vegetales deliciosos y saludables, pero se vuelven locos por comer unas cosas extrañas y grasientas, parecidas a pequeños platillos voladores, que llaman hamburguesas.

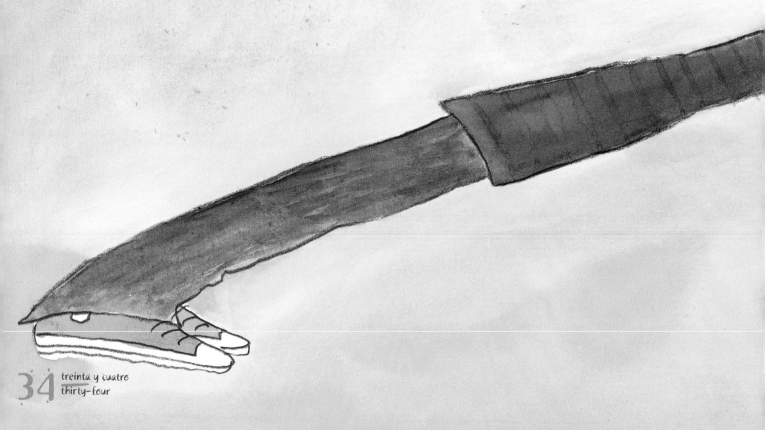

*T*hey could be eating all sorts of delicious fruit and healthy vegetables but, instead, they go absolutely mad about a weird and greasy meal, something similar to little flying saucers they call hamburgers.

Aunque viven en un planeta maravilloso, muchos parecen empeñados en estropearlo: ensucian el aire, los mares y los ríos, y talan los bosques.

*A*lthough they live in a wonderful planet many of them seem determined to spoil it by polluting the air, the sea and the rivers and chopping down whole forests.

Están rodeados de cosas bellas y, en vez de salir para disfrutarlas, prefieren quedarse encerrados y mirarlas a través de la pantalla del televisor.

Earthlings are surrounded by beautiful things but instead of going out and enjoying them, they prefer to stay at home and watch all those things on the TV.

Mientras unos viven en palacios llenos de habitaciones que nunca usan, otros no tienen techo y duermen en las calles o debajo de los puentes.

*W*hile some of them live in mansions with plenty of rooms they never use, others have no shelter and sleep in the streets or under bridges.

En vez de jugar con una pelota y divertirse como locos, prefieren ir a unos lugares a los que llaman estadios y sentarse a ver cómo juegan y se divierten otros.

Instead of playing and kicking
a ball and have some good fun,
they prefer to go to places
called stadiums where they sit
down to watch how other
people play and have fun.

Con unos pedazos de papel casi siempre sucios y arrugados a los que llaman dinero compran todo tipo de cosas, las amontonan en sus casas y muchas veces se olvidan de usarlas.

They use dirty and crumpled pieces of paper they call money to buy all sorts of things. Then they pile the things up in their homes; time goes by and they often forget they have them.

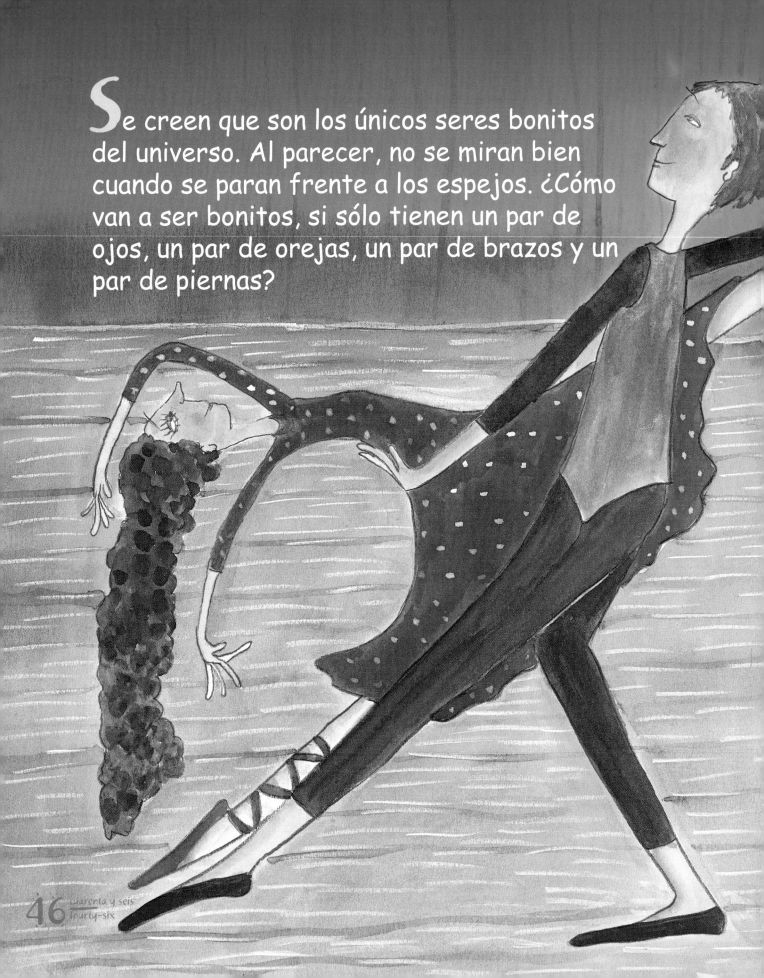

Se creen que son los únicos seres bonitos del universo. Al parecer, no se miran bien cuando se paran frente a los espejos. ¿Cómo van a ser bonitos, si sólo tienen un par de ojos, un par de orejas, un par de brazos y un par de piernas?

They think they are the only beautiful beings in the universe. Presumably, they have never looked at themselves carefully in a mirror. How can they be beautiful having only two eyes, two ears, two arms and two legs?

Y lo peor de todo: tienen bibliotecas repletas de libros interesantes y entretenidos, pero casi nunca las visitan.

Worst of all: they have entire libraries full of interesting and entertaining books but they never visit those places at all.

"No hay la menor duda", fue la conclusión a la que llegaron los sabios después de oír el informe de los valientes exploradores. "¡Los terrícolas son muy, pero muy extraños!".

"*T*here is no doubt about it" concluded the rest of the scientists after listening to the report of the valiant explorers. "Earthlings, how weird they are!"

Fin
The end

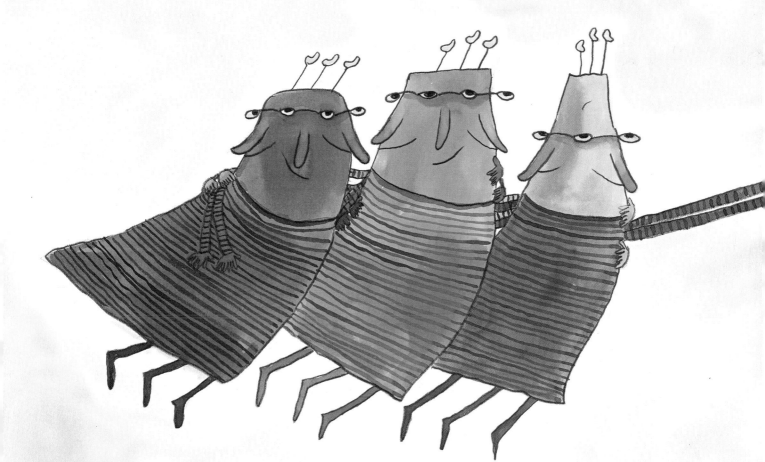

Antonio Orlando Rodríguez nació en Cuba, vivió en Costa Rica y en Colombia, y desde 1999 reside en Estados Unidos. Estudió Periodismo en la Universidad de La Habana. Entre sus libros para niños se encuentran *Mi bicicleta es un hada*, *La isla viajera*, *Romerillo en la cabeza*, *El libro de Antón Pirulero* y *Adivínalo si puedes*. El autor cuenta que una noche vio volar por el cielo, delante de su casa, unos enormes, majestuosos y extraños objetos luminosos. "Si fueran naves de extraterrestres y sus tripulantes nos estuvieran observando, ¿qué pensarían de nosotros?", se preguntó. Al día siguiente escribió este cuento...

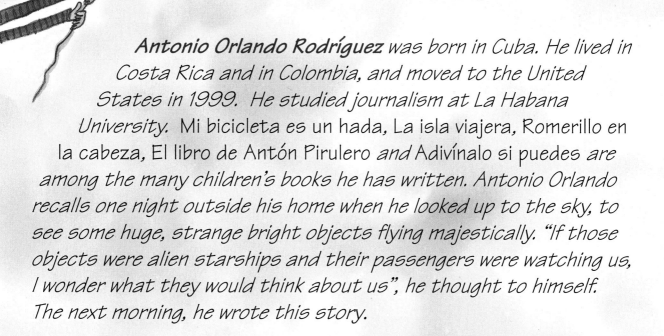

Antonio Orlando Rodríguez was born in Cuba. He lived in Costa Rica and in Colombia, and moved to the United States in 1999. He studied journalism at La Habana University. Mi bicicleta es un hada, La isla viajera, Romerillo en la cabeza, El libro de Antón Pirulero *and* Adivínalo si puedes *are among the many children's books he has written. Antonio Orlando recalls one night outside his home when he looked up to the sky, to see some huge, strange bright objects flying majestically. "If those objects were alien starships and their passengers were watching us, I wonder what they would think about us", he thought to himself. The next morning, he wrote this story.*

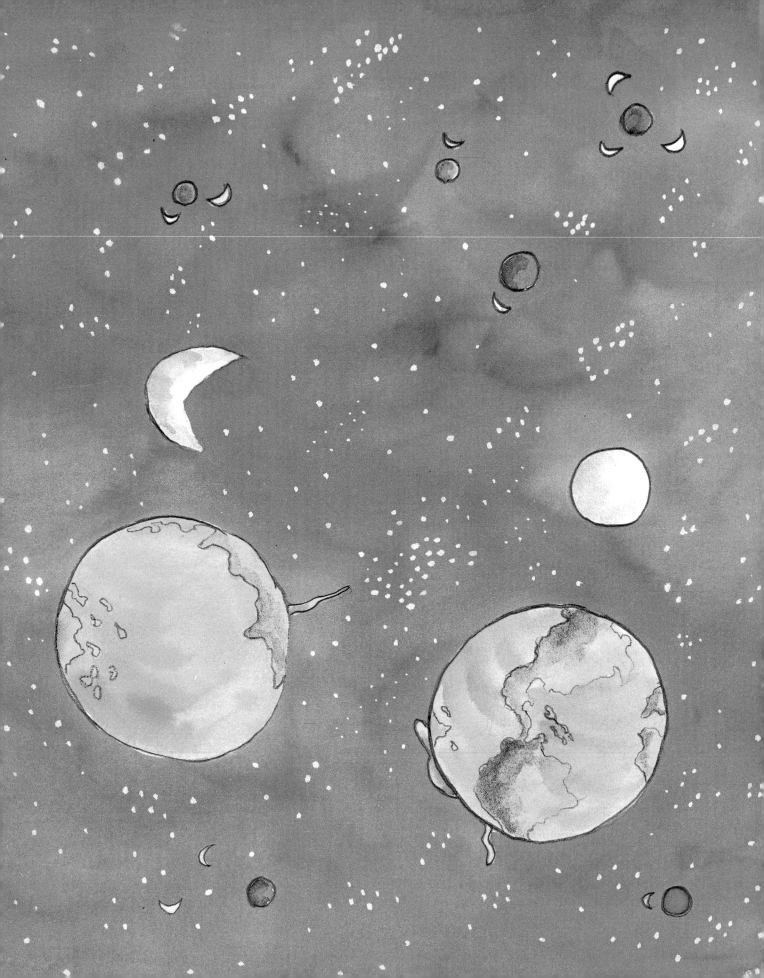